JN409062

諷詩調集

# 거울 속의 세상

장 원 의

지성 · 감성의 메타언어
조선문학시인선 · 281

諷詩調集

# 거울 속의 세상

조선문학사

## 거울 속의 세상

거울은 거짓말을 못한다.

있는 그대로 보이나 좌우가 바뀌어 보인다.

역지사지(易之思之)

우리는 자기의 허물은 잘 모르나 남의 허물은 잘 찾아낸다.

한편 거울이 맑아야 잘 보인다.

諷詩調를 통하여 세상사를 거울을 보듯 자아를 성찰할 수 있는 기회가 될 수 있으리라 여겨진다.

우리들 가슴 속에 거울 하나씩 품고 살았으면…….

2010년 가을, 한뫼골에서

장 원 의

장원의 諷詩調集

# 거울 속의 세상

차례

## 시집 평설

# 총 맞은 것처럼

가수 박지영의 총 맞은 것처럼 노래 가사가 섬뜩하다
그대가 떠난 자리 가슴이 뻥 뚫린 것 같다는 노랫말처럼
노 전 대통령은 자살로 국민의 가슴을 뻥 뚫어 놓고 떠났군

# 그 놈 목소리

가수 시야가 부른 노래 그 놈 목소리
얼마나 지긋지긋했으면 이런 말이 노래의 가사라니
이러다간 그 년, 그 새끼란 가사가 나올지 걱정이군

## 아브라카타브라 · 1

브라운 아이드 걸스가 부른 노래 가사 아부라카타브라
너 때문에 돌아 내가 독한 나로 변해버린 거야
널 닮은 인형에다 주문을 걸어 네가 그녀와 헤어져달라고 빈다

## 아브라카타브라 · 2

내가 좋아하는 놈 그녀와 잘못되도록 비는 주문
그가 그녀와 헤어지면 자기에게 올 줄 아는가 봐
못 먹는 감 찔러나 버리자는 심보, 놀부 심보군

## 악성해커 디도스

인터넷 해커 디도스의 무차별 공격으로 벌벌 떠는 꼴
청와대, 국정원, 국방부는 물론 백악관까지 기능 마비
IT 강국이라고 큰소리 뻥뻥 치더니 망신살 끼었군.

# 파시즘

원래 이탈리아어의 파쇼(Fascio)에서 나온 말로
국수주의, 권위주의, 반공적 정치적 운동을 말하는데
요즘 토론회마다 MB정권을 파시즘이라고들 하데

## 히말라야에 핀 눈꽃

2009년 7월 11일 고미영대장이 낭가파르밧 등정에서 추락사
2008년 로체봉에서 김재수와 14좌 정복 후 결혼하기로한 약속
그 사랑의 언약은 히말라야에 영원한 눈꽃으로 피어 있겠지

## 히말라야의 高씨들

산을 좋아하면 산에서, 주먹을 좋아하면 맞아 죽기 마련
고(高)씨들은 나면서부터 높이 오르기를 좋아하는가 봐
히말라야에 오르다가 눈 속에 묻힌 고상돈, 고미영

# 낙장불입

한번 던진 화투장은 다시 거두어들일 수 없는 법
장기판에서도 일수불퇴 법칙이 있는데 입법기관인 국회에선
투표종료선언 뒤 재투표가 가능한가 봐

## 지하철 풍경

토인비 왈 독서를 하는 국민이 세계를 지배한다 했는데
한국 지하철엔 졸거나 전화중이거나 DMB족 뿐
독서하는 사람이 없으니 한국의 미래는 보나마나

# 적반하장

매미 울음소리에 밤잠 못 잔다고 사람들이 불평불만
적반하장도 유분수지, 매미들의 아우성 소리 들어봐
대낮처럼 환히 불을 밝혔으니 잠 못 자기는 매미도 마찬가지지

## 육고초려

삼고초려란 고사성어는 들어봤는데, 일정 여섯 번씩 연기하며

김정일 위원장을 만나려고  현정은 회장이 육고초려했다나

금강산 관광, 개성공단 정상화 등 선물보따리가 궁금해서

## 늙어서는

아는 게 많다, 공부 많이 한 박사다, 똑똑하다는 말
늙어가며 이런 말은 칭찬이 아니라 모욕이란다
덕이 많고, 부드럽고, 겸손하다는 말을 들어야 한데

# 팔려간 신생아

류모 여인(28)과 이모 (22)동거인이 낳은 신생아
200만원에 팔렸다가 다시 465만원에 팔려갔다니
무직인 두 사람 아이만 낳아서 팔아도 먹고 살겠구먼

# 물폭탄

아닌 밤중에 홍두깨라, 예고도 없이 심술을 부려
황강댐 대량 방류로 임진강 수위가 3미터나 올라가
야영객 6명이 실종되다니 물세례일까 물폭탄 공격일까

# 노벨상

인류에 공헌한 사람에게 주는 노벨상
1901년부터 830명 속에 인도의 간디도 못 끼었는데
오바마가 타다니 땅속의 알프레드 노벨이 진노해 일어설 판

## 불(佛)

자라보고 놀란 사람 솥뚜껑 보고 놀란다더니
정권 초기 광우병으로 촛불에 놀란 사람들
불교의 佛자만 들어도 불로 알고 호들갑 떠는군

# 헌재의 이상한 판결

업사이드는 반칙이지만 들어간 골은 점수로 친다
도둑질은 불법이지만 이미 취득한 장물은 합법이다
성폭행 당했더라도 임신됐으면 둘이 결혼하라 명판결 아닌가

## 날치기와 약탈

병인양요 때 불란서 군이 빼앗아 간 외규장각
한국으로 여러 차례 돌려주겠다고 약속해 놓고
약탈은 인정하나 합법적인 불란서 재산이라고

## 날치기

추자도 앞바다에 날치만 날아다니는 줄 알았는데
국회 의장석 점검하기 위해 몸을 날리는 국회의원
날치나 날치기나 몸을 날리는 것은 마찬가지지

## 마이동풍

미디어법을 국회에서 재 논의하라는 헌재의 판결문
마이웨이, 마이동풍, 우이독경이란 말 소싯적 배운 것
국회의장과 한나라당은 말인지 소인지 귀는 있는지

## 세종시 · 1

원안대로 해야된다, 수정안으로 해야된다, 세상이 시끄럽다
정권에 따라 오락가락하는 세종시, 온 나라가 용광로구먼
정권 때마다 옮길 수 있는 이동식 세종시로 만들면 어떨까

# 두 개의 세종시

2010년도는 벽두부터 세종시 문제로 떠들썩하다
여당에선 기업도시, 야당에선 행복 도시
이렇게 싸울 바엔 두 개로 쪼개 세종시 만들면 어떨까

# 블랙홀 세종시

수년간 공들인 지역사업 경제, 의료, 과학도시 세종시로
MB정권 영남정권이라고 좋아하더니 영자 강자로 바뀌었다데
영남, 강남 따지면 세종시는 어느 축에 낄까

## 여우와 세종시

밤마다 여우가 온다는 거짓말쟁이 진짜여우에게 물려갔지
선거 때는 세종시 원안대로 집행하겠다고 약속해 놓고
집권하자 말 바꾸기, 믿을 사람 없네

# 노동자 파업

미국노동총연맹의 창설자 새뮤얼 콤퍼스의 말
"파업이 없는 나라를 내게 알려 주시오
그러면 자유가 없는 나라를 보여 드리겠습니다"

## 이(齒)는 이로

눈에는 눈, 이는 이빨로란 말 있지
도둑질한 놈은 손을, 살인자는 목을
성폭행자는 거시기를 잘라 씨를 말려버리면 될걸

# 사면초가 한국

백악관 만찬에 초대받은 만모한 싱 인도 총리

중국을 방문하는 오자와 이치로 민주당 간사장

중국을 견제하는 미국, 끌어안는 일본, 우리는 열외?

## 죽은 자는 말이 없다

살아 있는 권력에는 시늉만, 죽은 권력엔 이 잡듯이
요즘 검찰의 행태를 보고 하는 말인 줄 알았는데
옛날부터 죽은 자는 말이 없다는 말 틀린 말 아닌 것 같네

## 세상은 요지경

신종플루 감기 때문에 온 국민은 덜덜 떨고
안과의사는 죽을 상인데 내과 의사는 함박 웃음짓네
그 동안 얼마나 손을 안 씻어 검었으면 '손 씻기 운동'펼까

# 무기 수송 · 3

북한의 무기개발과 수출은 어디서 배웠을까
가장 이윤이 많고 재래식 무기 폐기처분하고
전쟁 일으키고 무기 팔아먹기 미국식이 분명한데

# 동장군

동장군은 겨울에만 오는 불청객이니 걱정할 것 없어
우수만 지나면 대동강물 풀리고 동장군도 물러가
하지만 4대 강 사업에 꽁꽁 얼어붙은 정국 봄 온다고 풀릴까

# 2009년의 사자성어

2009년 대학교수들이 한국사회 모습을 비유해서 말한 화두

방기곡경

세종시 수정, 4대강 사업, 미디어 법 처리를 두고 한 말 아닐지

* 방기곡경(旁岐曲逕) : 샛길과 굽은 길로 돌아갔음의 뜻.

## 다시 태어나도 · 1

KBS 방송문화연구소 조사 결과에 의하면
기혼녀 72%가 다시 태어나도 지금 배우자 선택 안 해
여성의 심리를 몰라서 그래, 남편들 생각을 해 보소

## 다시 태어나도 · 2

결혼 기간이 길수록 다시 결혼해도 지금 배우자는 NO

28%는 다시 결혼해도 지금 배우자와 결혼 하겠다고

왜냐고? 그 놈이 그 놈이야, 또 다시 똥개 훈련시키라고

# 검찰(檢察)인가 검찰(劍刹)인가

향응 받기 좋아한 검찰 간부들 민간인 칼 맛 봐야지
민간 주도 진상규명위원회에 의해 사실을 파 해친다고
총잡이 총 맞기 쉽고, 칼잡이 칼 맞기 십상인 진리 빛좀 보겠네

## 자살—살자

보릿고개 넘기며 배고플 때는 살려고 눈코 못 떴는데
문명선진국일수록 자살자가 많다는 아이러니
자살과 살자, 삶과 죽음, 알고 보면 한 선상의 순차인걸

## 우울증

잘 살고 화려한 경력자일수록 우울증과 자살이 많다는 데
밀바닥 서민들이야 먹고 살기 바빠서 죽을 시간도 없어
높이 오른 날개가 있는 자 추락할 수 있다는 역리도 알아야

# 청백전

운동회에서 청군 백군으로 나누어 시합을 하지
요즘 청년 백수 전성시대라고 해서 생긴 말 청백전이라는데
백수 청년에 놀고 먹는 노인 세상 얼씨군가 절씨군가

# 폭탄 테러

이라크 기자 문타나르 알자이디가 던진 구두에 놀란 부시
한일문화교류회의중 독도지킴이 벽돌 투척에 놀란 시게이대사
죄 지은 침략자들 놀라 경기 하지 말고 방탄복 입고 다니셔

# 이라크 전쟁 · 1

주먹 쓰는 사람 주먹에, 총잡이는 총 맞아 죽는 법

힘으로 세계를 쥐락펴락하던 미국의 패권주의

초강대국 미국의 패착, 힘 잃고 중 · 러에 도전 자초

# 이라크 전쟁 · 2

명분없는 이라크 침공 7년 수렁 분열과 환멸뿐

대량 파괴무기 거짓 드러나자 '민주화'라고 말바꿔

반미 감정은 남아돌고 평화 · 민주 이라크엔 눈 씻고 봐도 없어

# 이라크 전쟁 · 3

이라크전쟁 막은 내리고 주역들은 어디서 무얼 할까
체니 부통령은 심장수술로 입원 중이고  럼스필드는 함구무언
'자유, 평화를 위해 헌신하는 미군에 감사'란 빈말만 부시 차지

## 재개발 · 1

요즘 서울 시내는 재개발로 온통 공사판
월세 받아 겨우 생활하던 서민들 울상 짓다 못해 주름살
아파트 한 채 주면 뭘해, 먹고 살 방법은 없는데

## 재개발 · 2

두껍아 두껍아 헌 집 주면 새 집 줄게
새 집 주면 뭐해  새 집이 밥 먹여 주나
헌 집 찾아 다시 변두리로 이사 갈 떠돌이 집시인 걸

## 실명제 · 1

인터넷 실명제로 언어폭력을 막아야 한다는 쪽과

언론의 자유를 앞세워 비실명으로 해야 한다쪽으로 이견 분분

정작 문제는 인터넷 실명제냐 비 실명제냐인 것을

# 실명제 · 2

세계적인 인터넷 구글에게 실명제 위반으로 벌금형
표현의 자유와 프라이버시 보호라고 형에 반발한 구글
뒤가 구린 익명 좋아하는 사람들 형 먼저 아우 먼저 아닐까

# 구글의 심통

한국에서 인터넷 실명제로 했다고 구글이 댓글차단
인터넷 악플로 연예인들의 자살이 잦은데
표현의 자유라고 아무말이나 뱉으면안되지, 언어살인도 있다고

## 왕세자들의 비극

박지만, 전재국, 김홍업, 김현철, 노건호
한 때 아버지 덕에 왕세자 호강 누렸던 사람들
아버지 얼굴에 똥칠한 줄이나 아는지 모르는지

# 군침 삼키는 독도

독도를 일본 이름으로 다게시마(竹島) 마시게다(맛있겠다)
쓰시마(對馬島)를 마시쓰 (맛있어)
쪽발이들 독도를 보고 입맛 다시는 이유 이제 알겠구먼

## 통행금지

키리졸브 한미 합동군사훈련을 북침 연습이라고
요즘 북한의 김 선생 무슨 심사가 그리 불편한지
판문점 남북통행로를 열었다 닫았다 변덕이 심해서

## 3통

술좌석에선 화통(話), 주통(酒), 심통(心)이 있어야 돼
북한은 군사실무회담을 하필 개성공단 내에서 하자하고
남한에선 통행, 통신, 통관을 보장해야 한다니 불통일밖에

# 신종 플루

멕시코 발 신종 인플루엔자A 감기라
멕시코가 지구 반대편에 있지 않던가
헌데 신종이라는 말에 뒤질세라 우리도 빨리 도입했네

# 돼질

세계를 공포의 도가니로 몰아넣고 있는 인플루엔자
돼지에게서 왔다 해서 돼질 감기라나
오뉴월 감기는 개도 안 걸린다는데 돼지는 처먹었군

# 피 보다

물 보다 진한 것이 피, 피 보다 진한 것이 사랑이라
사랑 좋아하네, 천만에 돈이 왕이라네
대통령의 명예도 권력도 돈 앞에서는 눈이 머니까 머니지

## 폭자(爆字)

폭풍. 폭우, 폭격, 폭자는 좋은 글자 아닌 것 같애
길거리엔 폭주족, 술집엔 폭탄주, 뒷골목엔 조폭
미국엔 조지고 부시는 조지부시, 북한에도 또 있지 아마

## 만원 버스

아침 출근길은 언제나 만원버스
제아무리 만원버스라도 나는 항상 앉아서 간다
왜냐고? 나는 운전사니까

## 무당도

세계에서 종교를 연구하려거든 한국으로 가라했던가
노 전 대통령 영결식장에 기독교, 천주교, 불교, 원불교
이러다간 다음에는 무당들도 한 몫 끼겠다고 하잖을까

## 4·19 혁명

선열들의 피로 얻은 4 · 19는 데모라고 폄하시키고
청계천 복원은 MB의 치적으로 격상시키다니
올리고 내리고 역사를 입맛대로 주물럭거리다니

# 불도저 여당

70년대 불도저식 경제성장에서 생겨났던 말
80년대 군사정권에서도 써먹었던 불도저식 정치
되살아난 국회 경호권 발동, 복고풍에 삽상한 신풍은 글렀어

## 불바다

남북회담석상에서 서울을 불바다로만들겠단 겁으로부족했던지
핵 실험 핵무기 내세워 겁에 겁을 주는 김선생
헌데 핵 말만 나오면 왜 한국보다 일본 미국이 먼저 떨어

# 대북정책

북한을 테러지원국이니 악의 축이니 하던 부시
몰아붙이고 윽박지른다고 모든 것이 해결되나
결국엔 테러지원국 해제, 식량지원 등 원점으로 돌아가

# 바다 이야기

문민정부에선 로또복권

참여정부에선 바다이야기

MB정부에선 물꼬 트는 운하 이야기

# 대박 꿈

바다에서 무얼 캐겠다고 주야로 바다 이야기일까
너도 나도 일손 놓고 낚싯줄 던져 대박의 꿈
모두가 부질없는 짓, 깨고 보면 남가일몽 빈 손인 것을

## 무녀리들의 푸념

잘난 사람은 노다지 캐러 바다로
보통 사람은 강원랜드 카지노장으로
집에 남은 무녀리들만 신세타령이군

## 숭례문 · 1

임란 때 가토기요마사가 숭례문을 통해 입성
1907 일본왕자 요시히토 숭례문 벽을 헐고 입성
2007년 2월 10일밤 숭례문이 화염을 타고 역사 속으로 입성

## 숭례문 · 2

오색 분장하고 의젓한 모습으로 버티고 서서
되국놈, 쪽바리, 양키 가랑이 밑으로 기게 하던 위용
숭고함 예절 벗어 던지고 불나비 되어 날아가 버리다니

# 남대문(南大門)

임진왜란, 병자호란, 병인양요 겪으며
힘센 놈들 가랑이 사이로 드나들던 南大門
잘못 드나들단 낭패, 남정네들 자나깨나 男大門 잘지킬 일이여

## 목소리 큰 놈이 왕

매미 소리가 커서 소음공해라 하고
밤에도 울어댄다고 미쳤다고 하던데 천만에 말씀
목소리 큰놈이 왕으로 통하는 사람에게서 한 수 배운게지

# 문청염검신

공직자 윤리법 만들면 뭘 해
文淸廉儉信 갖춘 매미 본뜬 뱃지 만들어
매미 덕 배우란 게 더 낫지

## 공짜 술

공짜로 얻어먹는 술 맛이 최고
훔쳐 먹는 복숭아 맛 또한 최고지
그보다 더 맛있는 것이 또 뭔 줄 아나

## 하향평준화

사회란 다양화로 조화를 이루는 것 아닐까
폭우로 산은 들판으로, 강은 바다가 되듯
하향평준화로 상향 고교평준화 바로 잡아야

## 사공이 많으면

사공이 많으면 배가 산으로 오른다 했지
산을 뚫어 한반도 대운하를 만들면
온 나라가 사공천지 그땐 어떻게 되지

## 쿤타킨테와 심수관

쿤타킨테 12대 할아버지 노예로 팔려 미국으로
심수관 13대 할아버지 임란 때 일본으로 끌려갔다
뿌리를 잊지 않는 한 맺힌 설움 동병상련이련가

# 농자천하지대봉

예부터 농사를 모든 근본 중에 근본이라 했는데
투기 목적으로 산 땅에서 직불금을 수령까지
얌체족 등살에 순진하게 농사짓는 사람만 천하에 물봉돼

# 돈은 피보다 진하다

삼강오륜은 호랑이 담배 먹던 시절의 옛말
피는 물보다 진하다는 말도 매한가지
지금은 피보다 진한 것이 돈이여

# 유산

안 주면 맞아 죽고, 조금 주면 볶아 죽고
다 주면 거리에서 굶어 죽는다는 세태풍자
많아도 웬수, 없어도 웬수인 돈돈돈

# 자식

잘난 자식 나라 자식,
못난 자식 내 자식 돈 많은 자식 장모 자식이라나
무자식 상팔자란 말 실감 나네 실감 나

# 여성 상위 시대

품안에 자식이라 했던가, 젖먹일 땐 무촌
대학에 가면 2촌, 군대에 가면 4촌
장가 보내면 사돈네 팔촌보다 멀어진다데

# 이태백

당나라 때 시인 이태백
술 좋아 시 쓰기 즐기는 시선인줄 알았는데
요즘 불경기로 이십대 태반이 백수라서 시인공화국 안 될지

# 화왕산 · 1

경남 창녕 화왕산 억새 태우기 행사
불의 산 화왕산에서 억새 대신 사람을 태웠겠다
억하고 불길 속으로 날아간 억새는 불조였을까

# 화왕산 · 2

정월 대보름 억새를 태우며 빌어보는 소원
복 많이 받으려는 행사에서 복은커녕 죽음이라니
복길 아닌 황천길로 가는 지름길이 화왕산에 있었네

## 삼불정책

대학 본고사, 고교 등급제, 기여 입학제 삼불정책
입시 과열 우려해 대부분의 대학에서 반대하는데
콧대 높은 일류대에선 달콤한 제도라며 입맛 당기고

# 아름다운 죽음

자기도 모르게 어느 날 밤 잠자듯 영면하는 것
그 보다는 아름다운 죽음도 있지
사랑을 남겨 놓고 조용히 잠드시는 선종

## 돌잔치 · 1

MB 취임 1년 결과, 지지자 33%가 다시는 안 찍겠다고
촛불시위, 경제파탄, 용산 참사로 얼룩진 때문일까
하기사 역대 현직 대통령이 인기 있었던적 있었던가

# 돌잔치 · 2

대통령 당선될 때의 83%의 인기는 어디 갔을까
1년 후 잘한다가 겨우 17%라니
그렇군, 1을 100으로 해서 83을 빼면 17, 기막힌 산술법이네

## 빈대 잡으려다

언론법, 미디어법 날치기 국회 상정
알맹이 없이 겉 포장한 그럴싸한 법안
빈대 잡으려다 초가삼간 태운다더니 푸른 집 태울라

# 촛불 재판

법과 양심에 따라 재판하는 것이 법 정신 아니던가
헌데 대법관이 촛불시위 재판에 관여하다니
세상 좋아진 건지 더러워진 건지 이메일이 사용돼서

# 막장

탄광 갱도의 막다른 곳을 막장이라 하는데
막장 경제, 막장 국회란 말도 있데
경제, 국회 뿐인가, 대법관의 촛불재판 관여도 막장이지

# 삼면초가

사면초가란 고사성어는 들어봤는데 삼면초가도 있군
서해북방한계선, 육지의 비무장지대는 물론이고
북한 상공 비행하는 비행 안전도 보장 못한다니 삼면초가지

# 성업 중

미국발 금융위기로 모두 죽겠다고 야단들인데
위기가 기회라나, 불경기에 호황 누리는 사람도 있다데
성업 중인 로또복권, 경마장, 게임 산업이 그렇다데네

# 입 막고 눈 가리고

민주주의는 표현의 자유가 제일인데
언론의 입 막고, 국민의 눈 가려 소통의 길 막아 놓고
귀만 열어 놓으면 뭘해

## WBC · 1

다섯 차례나 한일 전 싸움에서 구경하고 돈 벌고
미국야구위원회 장삿속에 놀아난 세계야구선수권대회
오죽했으면 이찌로가 옛 애인을 만나는 것 같다고 했을까

## WBC · 2

의학 용어로 WBC는 백혈구를 말하는데
우승을 하고도 일본의 랭킹 한국 다음으로 3위라니
배 아픈 일본인들 적혈구가 백혈구로 백지장 안됐을지

## 바쁘다 바빠

광우병 촛불시위로 양초공장 바빠지고
뉴타운 개발로 전국철거민연합회 바빠지고
거기다 대졸 취업자 이력서 쓰기에 바쁘다 바빠

## 씨와 열매

마음이 어린 국민이 뿌린 씨앗에서 탄생한 정부
국회 절차는 위법이나 법률은 유효하다는 판결
희한한 논리군, 하기야 씨에서 열매가 맺는거지

## 친서민 정책

부자 감세, 양도 소득세 감면해주는 강부자 정부
보금자리 주택 몇 채 지어놓고 서민정책이라나
입으로는 친서민이라 떠들지만 실제로는 부자정책

# 미국 총기난사 사건

총잡이는 총맞아 죽기 십상이라는 걸 모르시나
총 좋아하는 미국인들 총 맞아 죽는 건 다반사
무슬림 군의관 주사침 대신하여 총기 난사 했군

## 니달 말리크 하산

무슬림계 하산 정신과 군의관 장병 신검장 총기난사
파병된 장병들 이라크 사람들에 총구를 겨눌 건 뻔한 일
신검장에서 미리 총 맛이 어떤가를 보고 가라고 한 셈

# 현자와 바보

예부터 실패는 성공의 어머니라 했던가
바보는 자기 자신의 실패에서 정답을 찾고
현명한 사람은 남의 실패에서 명답을 찾는다지

# 눈 가리고

방문진이 뭐길래 MBC 사장이 사표를 내다니
군사독재 시절에도 KBS, MBC 눈 가렸으니
식은 죽 먹기야, 입과 귀는 저절로 막히겠구먼

## 설설설(雪雪雪)

금년은 110년 만에 제일 많은 눈이 내렸다
설날도 눈이 내려 고향 가는 길은 설원이래
눈이 아무리 많이 내려도 설설 가면 되겠지

## 설설설(說說說)

강도가 들어오면 싸우다가도 힘을 합쳐야 되는 거야
박근혜, 집안사람이 돌연 강도로 변하면 어떡하느냐
강도가 밖에 있는 건지 안에 있는 건지, 아리 아리 송송

# 국위 선양 · 1

국위선양이 따로 있나 나라 이름을 세계에 알리면 선양이지
김연아가 시상대 제일 높은 곳에 섰을 때 늠름한 모습
국가 브랜드 가치가 하늘까지 올라갔다지 않던가

# 국위 선양 · 2

김연아 시상식 태극기는 올라가고 애국가는 울려 퍼지고
대한민국 국민은 울고 세계는 놀랐어, 내친김에
국회의사당에 물을 채워 스케이트장으로 만들면 어떨까

## 가슴의 차이

김연아 부모님은 무서워서 복도에 숨어서 가슴을 조이고
대한민국 국민은 기뻐서 가슴이 터질 듯 벅찼는데
아사다 마오의 역전을 개대했던 일본인들 땅치고 가슴치고

# 금(金)연아

228.36점 올림픽 신기록으로 금메달 획득한 김연아
205.50점으로 은메달을 목에 건 아사다 마오
선창된 덕에 아사다 마오, 한국 애국가 절로 외겠네

## 무소유 · 1

장례의식 행하지 말라는 법정스님의 유언
관, 수의도 마련 말며, 승복 입은 채 다비해 주고
사리 찾으려하지 말고, 탑도 세우지말라는 말씀 줄이면 무소유

## 무소유 · 2

시인 백석의 연인 김영한 여사가 시주했던 요정 대원각
기생들이 옷을 갈아입던 정자에서 범종이 울려 퍼지니
밤무대의 요정 대원각에서 길상사 범종소리 세계의 메아리

# 무소유 · 3

무소유란 아무것도 갖지 않는 것이 아니다
필요 없는 것을 갖지 않는 것이라는 법정의 말
필요한 것과 필요 없는 것을 구별 못하는 것이 중생들이어서

# 무소유 · 4

무엇인가를 갖는다는 것은 한편 무엇인가에 얽매인다
돈이나 권력을 많이 갖으려면 돈과 권력의 노예가 된다
입으로는 말하면서도 행동으로 실천 못하는 것이 중생

## 무소유 · 5

물질적인 것에 욕심을 버리고 그릇을 비운다
텅 빈 그릇을 정신적인 것으로 채운다는 말이지
알고 보면 삼라만상, 우주까지 채운다는 욕심장이

## 무소유 · 6

'스님 불 들어갑니다' 외침소리와 함께 불속으로
화중연화(火中蓮花)라 불꽃 속에서 연꽃이 피어나듯
법정의 육신은 갔지만 정신은 온 세상에 연꽃으로 피어나고

# 무소유 · 7

쓴소리 하면 무조건 좌파로 몰아버리는 집권 여당
좌파 절과 중은 씨를 말려버리겠다는 심산인가
봉은사 주지 명진스님은 염불이나 할 일이지 원

# 천안함 · 1

원인 불명으로 두 동강난 천안함
함수 함미 살고 죽은 사람도 절반씩이군
남북이 둘로 나누어 있으니 그럴수밖에

## 천안함 · 2

억울하지만 주먹 센 놈에게 얻어맞고도 함구
심증은 가지만 확증이 없어 벙어리 냉가슴앓이
어뢰냐 기뢰냐, 누구의 소행인지 몰라서 그래?

## 천안함 · 3

함수에 있느냐 함미에 있느냐가 갈림길
이승과 저승, 천당과 지옥이 따로 있나
삶과 죽음은 동전의 앞뒤 같은 것을

## 천안함 · 4

천안함 44명의 젊은 남자들이 수장되었다
그 곳이 어디더라 장승포 앞바다 인당수지
용궁의 심청이는 남자 복이 많은 거야 넘친 거야

# 밥통

미하일보론스키가 중국언론과 인터뷰에서 천안함을 밥통이라

대잠 초계함인 천안함이 어뢰에 맞아 침몰했다고 해서 한 말

밥을 담아 놓는 통이 아니라 중국말로 '바보'라는 뜻이라나

# 나로호 · 1

예부터 미국놈 믿지 말고 소련 놈에 속지 말라고 했는데
30억 달러 빌려주고 못 받은 돈 잊지 않았는지
당했군 2천억원 주고 나로호 발사에 목줄 달고 있는 한국정부

## 나로호 · 2

2009년 8월 20일 발사라고 호들갑 떠는 철딱서니
다섯 번이나 연기해 놓고 미안해서 쇼를 한거지
속지 말라던 소련의 마술에 놀아나는 불쌍한 한국

# 나로호 · 3

미국, 소련에서 우주개발 로켓을 쏘아 올렸다
이미 세종대왕 때 최초로 로켓을 쏘아 올렸어
신기전(神機箭)에 명나라 군사가 혼줄 몰랐지, 까불지 마

# 대마도는 한국 땅

'대마여지도'(1756)에 대마도는 부산에 준하고 거리는 470리
'청구도동래부기장현'(1834)은 원래 신라에 예속되어 있었어
독도를 일본땅이라는데 대마도는 한국땅이라 우기면 어떨까

# 청문회

위장전입, 뇌물수수, 불법대출, 표절, 탈세 등 가지가지
교육 때문에, 모른다, 기억이 안 난다, 죄송합니다
계속 오리발 내미는데 혹시 청문회장 옆에 오리발 공장이라도

■ 시집 평설

# 순수한 통징의 미학

박 진 환

(문학평론가 · 文學博士)

# 순수한 痛懲의 미학

박 진 환
(문학평론가 · 文學博士)

## 1 전제

130여 편의 諷詩調를 묶은 諷詩調集 『거울 속의 세상』은 장원의 시인의 4번째 시집으로서 諷詩調集으로는『풍시조로 세상 엿보기』에 이어 두 번째로 내놓은 諷詩調集이다.

상재한 이번 시집 말고도 분량으로는 두어 권의 시집을 더 묶어낼 만큼의 諷詩調를 가지고 있는 것으로 알고 있는데 이는 장원의 시인의 부지런함과 함께 諷詩調를 시적 체질로 잘 소화 내지 육화시키고 있다는 것을 의미한다고 볼 수 있게 한다.

문제는 양적 다산성에 있는 것이 아니라 시편마다 諷詩調

의 시법을 매우 충실하게 자신의 시에 실천하고 있다는 점이다.

시학과 시법을 알고 시를 쓰는 시인과 타성으로 쓰는 시인 사이에는 많은 괴리를 드러낸다. 시법을 알고 시를 쓸 경우 시에 대한 주저함이 없는 당당함을 보여준다. 시법의 신뢰가 시에 대한 신뢰로 연계되기 때문이다.

이에 반해 타성으로 쓰는 시는 스스로 길들여진 시작을 되풀이함으로써 시적 한계를 극복하지 못하는 답습이나 습관적 카테고리에서 일탈하지 못하게 된다. 그래서 전자가 자신의 시에 대한 신뢰를 가진다면 후자는 확신이나 신뢰와는 달리 되풀이하는 반복성의 한계에 머물러 있게 된다.

장원의 시인은 그 전자적 경우에 해당된다. 그것은 시법을 알고 시를 출발시키고 있으며 동시에 이를 자신의 시를 통해 백분 실천하고 있다고 보아지기 때문이다. 그가 실천하고 있는 시법은 '순수한 痛懲'이라는 풍시조의 시법이다.

諷詩調의 시법인 '순수한 痛懲'은 시대적 부조리는 물론 주어진 현실에서 자행되고 목도 되는 부정·부패·비리·악행 등에 대해 신랄하게 감행하는 문화적 응징이다. 여기에서 문화적 응징이란 법적 물리적 징벌이 아닌 시로써 감행하는 응징이란 뜻이 된다.

시로써 감행하는 응징이나 징벌로서의 통징은 그래서 힘

에 의한 제재가 아니라 정신적 감화나 깨달음을 통해 악을 교정하게 함으로써 카타르시스를 체험하게 하는 그러한 징벌 쯤이 된다.

장원의 시인이 諷詩調를 통해 감행한 통징은 매우 온건하다. 그 때문에 깎아내리고, 비아냥하고, 꼬집고, 헐뜯고, 비판 고발하는 경우에도 날카로운 칼끝이나 투창과 같은 공격성 대신 빙그레 유머를 자아내게 하는 해학과 골계미 같은, 조신권 박사의 지적과 같이 온건한 통징에 의존되고 있다.

그러면서도 통징의 詩域은 매우 넓다. 현대의 물신사상을 비롯해 패권주의의 국제적 비행, 정치, 경제적 부당성이나 법의 횡포, 꼴불견의 세태, 도덕적 정신의 해이가 초래한 부도덕성은 물론 그 대상이 무엇이었건 그릇된 악의 요소가 보이면 가차 없이 통징을 감행한다.

이번 두 번째로 상재한 諷詩調集『거울 속의 세상』도 예외는 아니다. 매우 다양한 시계에 포착된 악의 요소들이 예외없이 통징의 감행으로 제단 되고 있어 읽는 이로 하여금 때로는 쾌감을, 때로는 감명을, 때로는 미소를 자아내게 하여 시속으로 빨려 들어가게 하는 흡인력으로 작용하고 있는데 시를 제시 했을 때 그 본태는 물론 이해를 도울 것으로 본다.

## 2. 시집에 드러난 痛懲의 여러 양태

『거울 속의 세상』에 나타난 통징의 양태는 다양하다. 어떤 것은 비아냥으로, 어떤 것은 깎아내리기로, 어떤 것은 헐뜯기로, 또 어떤 것은 비판과 고발로 그 대상에 따라 그 양태 또한 달리하고 있다. 다양한 것은 양태만이 아니다. 그 대상 시역만큼이나 폭이 넓다. 어떤 것은 시대적 비리를, 어떤 것은 정신덕목의 부재를, 어떤 것은 현실이나 사회의 악을, 또 어떤 것은 정치 · 경제 · 교육에서 국제적 패권주의가 저지른 악이나 비행까지로 그 시역을 넓히고 있어 통징의 파노라마를 펼쳐 보여주고 있는 것 같다.

이를 세분화, 시를 제시 구체화 했을 때 諷詩調集 『거울 속의 세상』의 본태는 극명해 질 것으로 본다.

## 2-1 국제적 시각의 痛懲

지구촌으로 불리우리만큼 세계는 과학 · 교통 · 통신 · 컴퓨터 등 첨단 과학의 발달에 힘입어 단거리 내지 이웃으로 축소 지향되고 있다. 국경 개념이 철회되고, 언어적 장벽이나 이데올로기가 극복됨으로써 상호 선린관계라는 대명제 하에 평화의 공유라는 세계의 복지를 추구하고 있다.

이러한 외견상의 명목에도 불구하고 그 이면에서는 자국

의 이익을 선행시키기 위해 정치· 경제 ·군사는 물론 문화·교육적으로도 침략이 자행되고 있는 게 사실이다. 또 이를 위해 한치의 양보도 없는 전쟁을 벌이고 있는 것도 사실이다. 그런가하면 자국의 이익에 반할 경우 가차없이 힘을 앞세운 패권주의 망령이 부활하기도 한다.

이라크, 아프카니스탄, 티베트 등 세계 초강대국들의 악행에 의해 짓밟힌 약소국가들의 아픔은 클 수밖에 없게 된다. 대부분의 경우 남의 나라 일이라고 강 건너 불보듯 외면하기 일쑤인 것이 지구촌의 한계이기도 하다. 이러한 한계에 직면한 인류는 행동하는 양심대신 방관하는 외면으로 일관하고 있는 것도 사실이다.

유엔이라고 해결책을 가지고 있는 것이 아니다. 오죽했으면 오이밭의 원두막이라고 유엔을 비아냥 했겠는가마는 사실이 그러하다.

장원의 시인의 시각은 이러한 행동 할 수 없는 무기력을 자각하고 시인이 할 수 있는 유일한 수단인 '순수한 痛懲'을 빌어 언어의 테러를 감행한다. 패권주의의 악행을 비판하고 고발하며 비아냥하는 문화적 응징인, 시적 테러를 감행한셈이다.

가) 북한의 무기개발과 수출은 어디서 배웠을까

가장 이윤이 많고 재래식 무기 폐기처분하고
전쟁 일으키고 무기 팔아먹기 미국식이 분명한데

나) 이라크 기자 문타나르 알자이디가 던진 구두에 놀란 부시
한일문화교류회의중 독도지킴이 벽돌 투척에 놀란 시게이대사
죄 지은 침략자들은 놀라 경기 하지 말고 방탄복 입고 다니셔

예시 가)는 「무기 수송·3」, 나)는 「폭탄 테러」의 각각 전문이다. 예시들은 예외 없이 패권주의에 대한 고발과 응징을 순수한 통징으로 감행하고 있다. 예시 가)에서는 무기 수출을 자행하는 북한에 대한 제재를 '전쟁을 일으키고 무기 팔아먹기 미국식이 분명 한데' 라고 수출 당사국보다 원인을 제공한 미국을 꼬집고 깎아내림으로써 문화적 응징을 감행하고 있다.

그런가하면 예시 나)에서는 패권주의의 당사자였던 부시를겨냥해 그의 악행을 비아냥함으로써 응징의 정공법인 물리적 힘에 의존하지 않고 문화적 수단인 시를 빌어 꼬집고, 깎아 내리는 비아냥으로 통징을 감행하고 있음을 여실히 보여 주고 있다. 다음으론 정치적 비리나 부정을 대상으로 감행한 통징을 제시해 본다.

## 2-2 정치적 시각의 통징

作文政治란 말이 있다. 시정 방침만 늘어놓고 시행하지 못하는 정치 행태를 비꼬아 하는 말이다.

MB정권이 들어서면서 가장 화두가 되고 있는 것이 4대강 사업과 세종시가 아니었던가 싶다. 이 두 화두를 두고 여야는 물론 국민, 시민단체, 환경단체들이 첨예한 대립을 보여왔고 이는 현재도 진행되고 있는 연계 선상에 놓여 있다.

국회 · 여 · 야 · 법조계 등 도처에서 자행되고 불붙고 있는 정치 갈등, 갈등이 수반하는 불법화음은 소음공해를 넘어 귀를 따갑게 하는 轟音으로 고막이 터질 지경이다. 그 예의 하나가 세종시였고, 다른 하나는 4대강 문제였다.

가) 2010년도는 벽두부터 세종시 문제로 떠들썩하다
여당에선 기업도시, 야당에선 행복 도시
이렇게 싸울 바엔 두 개로 쪼개 세종시 만들면 어떨까

나) 사공이 많으면 배가 산으로 오른다 했지
산을 뚫어 한반도 대운하 만들면
온 나라가 사공천지, 그땐 어떻게 되지

예시 가)는 「두 개의 세종시」, 나)는 「사공이 많으면」

의 각각 전문이다. 예시 가)는 화두의 하나였던 세종시를 대상으로 하고 있는데 착상이 기발하다. 여에선 수정을, 야에선 원안을 외치며 벌였던 한치의 양보도 없었던 세종시 문제를 여안 야안으로 둘로 쪼개 건설하면 어떻겠느냐는 컨시트에 값하는 발상은 그저 소시민의 단순한 견해가 아니라 세종시를 하나의 합일된 통합체로 이끌어내지 못한 정치권에 대한 비아냥이다.

이른바 온건한 통징이라 할 수 있는 이런 비아냥 뒤엔 그러나 헐뜯고, 깎아내리고, 조소하는 비판의 칼날이 번뜩이고 있음을 읽게 한다.

예시 나)는 4대강을 다룬 시로써 격언을 끌어들여 의도적으로 왜곡시킴으로써 골계미를 맛보게 하는데 밖으로는 유머가 있지만 그 배후에는 '온 나라에 사공 천지, 그 땐 어떻게 되지?'라는 설의 속에 신랄한 비판의 칼날이 번뜩이고 있음을 읽게 해주고 있어 통징의 묘미를 통한 카타르시스를 체험하게 해주고 있다.

이러한 통징은 다시 법조계나 치안을 맡고 있는 경찰계로도 확산되고 있다.

가) 업사이드는 반칙이지만 들어간 골은 점수로 친다
도둑질은 불법이지만 이미 취득한 장물은 합법이다

성폭행 당했더라도 임신됐으면 둘이 결혼하라, 명판결 아닌가

나) 자라보고 놀란 사람 솥뚜껑 보고 놀란다더니
정권 초기 광우병으로 촛불에 놀란 사람들
불교의 佛자만 들어도 불로 알고 호들갑 떠는군

예사 가)는 「헌재의 이상한 판결」,나)는 「불(佛)」의 각각 전문이다. 예시에서 볼 수 있듯이 「헌재의 이상한 판결」은 법리나 합법보다는 법을 편법으로 운용하는 신뢰할 수 없는 법에 대한 비판을, 나)는 '불교의 佛자만 들어도 불로' 안다는 치안담당자의 심리적 불안을 꼬집음으로써 역시 잘못된 행태의 법과 치안의 비리나 무능을 강타하는 통징을 감행하고 있다. 그런가 하면 정치나 법만이 아닌 비리나 악의 만연으로 요지경이 되어가고 있는 세태를 고발하는 시편들을 통한 통징도 예외는 아니다.

## 2-3 사회적 시각의 통징

악의 만연, 그것은 사회적 세태 속에 잘 반영된다. 살인·강도·사기를 비롯한 성범죄에 이르기까지 도처에 도사리고 있는 독버섯들로서의 악이 존재하고 있다. 그 때문에 도덕적

무장해제가 수반하는 반인륜적 죄악상에서부터 질병으로 인한 인간이 고통을 겪어야 하는 아픔 등은 다 악의 요인들이다. 이를 외면하지 않는 일이 곧 諷詩調의 역할로서의 시인의 몫이다. 초연한 척, 경건한척 점잖을 빼면서 이른바 선비정신이니 한량이니 하는 구태적 구각에서 벗어났을 때만이 직시할 수 있는 악의 발견과 악에 대한 고발, 그것이 시인의 몫이고 장원의 시인은 이러한 몫을 시로써 실천해 가고 있는데 그것이 다름 아닌 사회적 시각의 통징이다.

가) 토인비 왈 독서를 하는 국민이 세계를 지배한다 했는데
한국 지하철엔 졸거나 전화중이거나 DMB족 뿐
독서하는 사람이 없으니 한국의 미래는 보나마나

나) 품안에 자식이라 했던가, 젖먹일 땐 무촌
대학에 가면 2촌, 군대에 가면 4촌
장가 보내면 사돈네 팔촌보다 멀어진다데

다) 눈에는 눈, 이는 이빨로란 말 있지
도둑질한 놈은 손을, 살인자는 목을
성폭행자는 거시기를 잘라 씨를 말려버리면 될걸

예시 가)는 「지하철 풍경」, 나)는 「여성 상위 시대」, 다)

는 「이(齒)는 이」의 각각 전문이다. 예시에서 보여준 첫 사회상은 지하철 풍경이다. OECD국 중 상위에 속하는 것이 한국의 서적출판이다. 물론 반대로 최하위는 책을 읽지 않는 것이지만 이런 모순을 화자는 「지하철 풍경」을 빌어 잘 보여주고 있다.

'독서의 세계 지배'라는 토인비 말을 빌어 '독서하지 않는 한국'에 대응시키고 있는 예시는 '지배'와 '피지배'라는 양면성을 빌어 독서하지 않는 국민들의 캄캄한 미래를 질타하는 통징을 감행하고 있다.

예시 나)는 도덕성 해이가 몰고 오는 인륜적 가치는 물론 혈통마저 반역하는 반인륜적 이고 반도덕적인 세태를 유머러스한 일화적 결구로 재구성, 밖으로는 미소를, 그 이면에는 날카로운 비수 같은 응징을 감행하고 있다.

그런가하면 다)는 성희롱, 성폭력 등 사회에 만연하고 있는 병폐에 대한 신랄한 징벌로서의 통징을 감행하고 있는데 '성폭행자는 거시기를 잘라 씨를 말려 버리면 될 걸'이란 시행이 말해주듯 섬뜩한 칼날을 숨기고 있음을 보여주고 있다.

굳이 설명을 곁들이지 않더라도 이해가 가는 이러한 통징의 감행을 통해 악이 만연하고 있는 사회의 비리를 읽게 해주고 있다.

이러한 세태적 악행은 다시 정신 덕목인 덕의 부재를 질

타하는 통징으로 이어지면서 암시역을 통해 비수의 예각을 위장, 통징에 값하고 있는데 物神시대의 부조리에까지 확대 연계되고 있다.

가) 공직자 윤리법 만들면 뭘 해
文淸廉儉信 갖춘 매미 본뜬 뱃지 만들어
매미 덕 배우란 게 더 낫지

나) 삼강오륜은 호랑이 담배 먹던 시절의 옛말
피는 물보다 진하다는 말도 매한가지
지금은 피보다 진한 것이 돈이여

예시 가)는 「문청염검신」, 나)는 「돈은 피보다 진하다」의 각각 전문이다. 예시에서 볼 수 있듯이 미물인 매미도 문·청·염·검·신의 덕목을 갖추고 있다는 옛 분들의 말씀을 좇아 도덕적인 정신 덕목을 상실하고 살아가고 있는 현대인들에게 도덕성 회복이나 도덕적 무장의 강조 아닌 일깨움으로 자각하게 함으로써 도덕 부재를 간접적으로 비판하고 있다.

그리고 나)「돈은 피보다 진하다」는 삼강오륜이라는 정신덕목의 효용을 상실한 옛말로 보면서 현대적 가치척도는 정신적 척도가 아닌 물질적 척도인 피보다 진한 것이 돈이라는 물신시대의 가치관을 비판하고 있다.

두 예시 다 예외 없이 정신적 가치를 상실하고 살아가는 물신시대의 가치관에 길들여져 버린 현대인의 정신 상실을 비판・고발하고 있다.

이상의 여러 양태의 통징이 장원의 시인의 시적 특허품이자 자신의 시법에의 충실이라 할 수 있는데 두 번째 諷詩調集『거울 속의 세상』을 대표하는 시법이 바로 통징이다.

여기에 하나 더 덧붙일 것이 있다. 즐겨 차용하는 펀(PUN)이다. 재치 있는 언어의 활용이랄까, 언어 유희랄까, 위트와 컨시트가 함께 작용, 합작으로 발견해내는 펀의 시적 효용은 단연 돋보이는 부분을 지니고 있어 결코 간과할 수 없는 장원의 시의 특성으로 지적 될 수 있을 것으로 보고 해석 없이 시의 제시로만 대신하고자 한다.

가) 대통령 당선될 때의 83%의 인기는 어디 갔을까
1년 후 잘한다가 겨우 17%라니
그렇군, 1을 100으로 해서 83을 빼면 17, 기막힌 산술법이네

나) 임진왜란, 병자호란, 병인양요 겪으며
힘센 놈들 가랑이 사이로 드나들던 南大門
잘 못 드나 들단 낭패, 남정네들 자나깨나 男大門 잘 지킬 일이여

다) 물 보다 진한 것이 피, 피 보다 진한 것이 사랑이라
사랑 좋아하네, 천만에 돈이 왕이라네
대통령의 명예도 권력도 돈 앞에서는 눈이 머니까 머니지

라) 독도를 일본 이름으로 다게시마(竹島) 마시게다(맛있겠다)
쓰시마(對馬島)를 마시쓰 (맛있어)
쪽발이들 독도를 보고 입맛 다시는 이유 이제 알겠구먼

예시 가)는「돌잔치 · 2」, 나)는 「남대문(南大門)」, 다)는 「피 보다」, 라)는「군침 삼키는 독도」의 각각 전문이다. 설명을 곁들이지 않아도 이해에 접근할 수 있을 것으로 여겨져 예시만으로 대신 했음을 밝혀둔다.

## 3 결어

이상의 조명은 장원의 시인의 두 번째 諷詩調集 『거울 속의 세상』에 대한 견해들이다. 굳이 부연한 필요가 있겠는가, 한마디로 '순수한 통징의 미학'으로 집약될 수 있는 것을.

•

**장원의** 시인은 전남대학교 의과대학과 고려대학교 대학원을 졸업했다. (의학박사) 고려대학교, 중앙대학교, 한림대학교 외래교수로 있으며, 대한미용외과 및 일본미용외과학회 회원이다. 『에세이문학』에 수필 「연戀정情」이 당선됐고 『조선문학』에 시가 당선되어 문단에 등단했다. 서대문문인협회 회장을 역임했고 대한문학 편집위원, 한국수필문학진흥회 이사, 한국문인협회 회원, 조선문학문인회 부회장을 맡고 있다.
저서에 수필집 『빈 자리엔 情뿐이랴』, 『백년이 지난 후에』가 있고 시집으로 『이브가 눈을 뜰 때』, 『하늘공원』, 『풍시조로 세상 엿보기』, 『거울 속의 세상』이 있으며 대한문학상 대상, 조선시문학상을 수상했다.

•

조선문학시인선 · 281

諷詩調集

**거울 속의 세상**

2010년 10월 10일 인쇄
2010년 10월 15일 발행

지은이 / 박진환
발행인 / 장원의
펴낸곳 / 조선문학사
등록번호 / 1-2733
주소 / 110-092 서울 서대문구 홍제2동 96-4
대표전화 / 730-2255
팩스 / 723-9373

ISBN 978-89-93614-42-8

정가 8,000원